EL IMPRESIONANTE LIBRO DE CÓMICS DE LA BIBLIA

Narraciones de
SANDY SILVERTHORNE

Ilustraciones de
DANIEL HAWKINS

Unilit

Publicado por
Unilit
Medley, FL 33166

© 2018 Editorial Unilit (Spanish translation)
Primera edición 2018

© 2016 por *Sandy Silverthorne y Daniel Hawkins*
Título del original en inglés:
The Awesome Book of Bible Comics
Publicado por *Harvest House Publishers*
Eugene, Oregon 97402
www.harvesthousepublisherss.com

Traducción: *Nancy Pineda*
Diseño de la cubierta: *Harvest House Publishers*

Producto: 495889
ISBN: 0-7899-2391-2 / 978-0-7899-2391-2

Categoría: Niños / General
Category: Children / General

Impreso en China
Printed in China

CONTENIDO

CONTENIDO

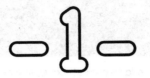

-1-

LA CREACIÓN

«En el principio creó Dios los cielos y la tierra».

GÉNESIS 1:1

En el principio la tierra estaba vacía y desordenada.

Entonces, Dios habló...

Sea la LUZ.

En el segundo día, Dios habló de nuevo, y se crearon los cielos y se separaron de la tierra. Sobre la tierra aparecieron el cielo, las nubes y la expansión.

En el tercer día...

Que se separen las aguas, y que aparezca la tierra seca.

Y que de la tierra brote vegetación, hierba y árboles frutales.

Y al instante, los árboles y las enredaderas, todos llenos de fruta dulce y deliciosa, surgieron en abundancia en toda la tierra.

En el quinto día, Dios habló y, de repente, el aire sobre las aguas se llenó de aves de todo tipo.

Y debajo del mar, las aguas comenzaron a llenarse de vida recién creada.

9

Y después, en el séptimo día, Dios miró a su alrededor y se sintió muy complacido con su nueva creación y anunció que era *MUY BUENA*. Luego, descansó de todo su trabajo.

ADÁN Y EVA

«Hagamos al hombre a nuestra imagen, conforme a nuestra semejanza».

GÉNESIS 1:26

Dios hizo al hombre, Adán, del polvo de la tierra. Se inclinó y respiró en Adán el aliento de la vida.

SNIF

Después, lo puso en el jardín más hermoso de la tierra: el EDÉN.

Este se encontraba entre cuatro ríos: el ÉUFRATES, el TIGRIS, el PISÓN y el GIHÓN. Era increíble, un paraíso magnífico lleno de vida abundante; árboles, ríos, cascadas y animales de todas las especies. El trabajo de Adán era cuidar la creación de Dios.

IRÁN

R. ÉUFRATES

R. TIGRIS

IRAK

CLAVE

☐ TIERRA ▨ AGUA

GOLFO PÉRSICO

16

Entonces, cuando Adán terminó, Dios se dio cuenta de que no había una pareja adecuada para Adán. Los animales eran maravillosos, pero Adán necesitaba a alguien que fuera su amiga, su compañera, su esposa.

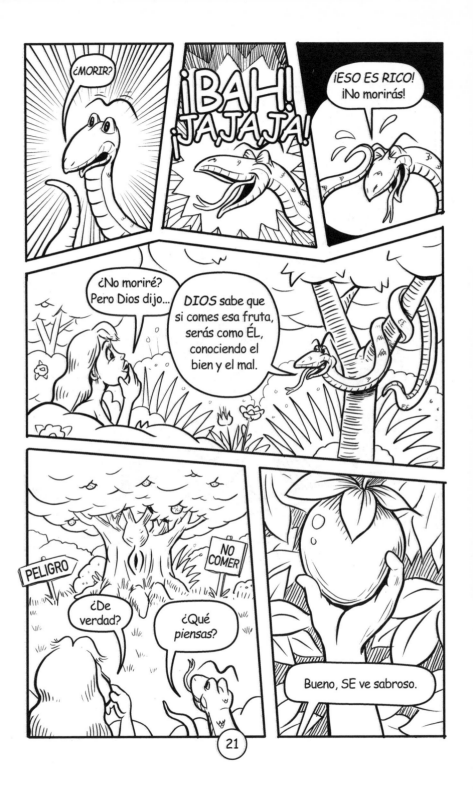

A partir de ese momento, se rompió la relación de Adán y Eva con Dios. A pesar de que Él siguió amándolos y protegiéndolos, ya no podían vivir en el Edén y disfrutar de la estrecha amistad que disfrutaron antes. Incluso, Dios puso un poderoso ángel guerrero a la entrada de Edén para asegurarse de que nunca trataran de regresar.

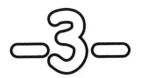

NOÉ

«Hazte un arca de madera de gofer».

GÉNESIS 6:14

MUCHAS generaciones después que Adán y Eva abandonaron el jardín del Edén, la humanidad comenzó a multiplicarse y extenderse por toda la región. Aun así, las cosas fueron empeorando con rapidez. Había violencia, robos, asesinatos y fiestas sin parar.

Incluso, hubo ÁNGELES CAÍDOS que, en forma de hombres, comenzaron a tomar esposas y tener hijos. Muchos de sus descendientes eran gigantes y se convirtieron en poderosos hombres de guerra.

El *SEÑOR* vio cómo la humanidad echaba a perder su bella creación, peleando entre sí, matando y robando. Dios se entristeció *TANTO* que, al final, llegó a su límite.

Voy a destruir cada cosa viviente en la tierra: hombre y mujer, animales, insectos y pájaros.

Voy a empezar de nuevo.

Sin embargo, había *UN HOMBRE* que era justo, que siempre siguió a Dios. Su nombre era *NOÉ*. Noé encontró favor con Dios.

Noé.

¿Eh?

Estoy triste por lo que la humanidad ha hecho con *MI* creación y los unos con los otros. Voy a destruir el mundo.

¡Je, je, je!

¡BUA, BUA!

¡Ayayay!

N° 7

Pero salvaré a ti y a tu familia. Quiero que construyas un *ARCA*, un barco enorme, para que cuando inunde la tierra, estés a salvo.

Como nunca antes Noé no había construido un barco, necesitaba ayuda. Entonces, Dios le dijo con exactitud cómo construirlo.

Aquí está el *PLANO*, Noé.

Una vez que el arca esté terminada, quiero que recojas todo tipo de animales en la tierra para que suban a bordo contigo.

Esos son *DOS* de cada ave voladora...

y *DOS* de cada criatura de la tierra.

Asegúrate de llevar un macho y una hembra de cada uno.

Además, lleva toda clase de comida, ¡y no dejes fuera la que sea saludable!

¿Entiendes?

Entiendo.

Entonces, Noé fue a decirles a su esposa, a sus hijos y a sus esposas todo lo que Dios le ordenó que hiciera...

Y, así de simple, en seguida se pusieron a trabajar.

Noé y su familia trabaja-
ron juntos todos los días
para terminar de construir
el arca. Y su trabajo no
pasó inadvertido...

Entonces, ¿dónde está esta *LLUVIA* que estás esperando?

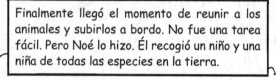

Finalmente llegó el momento de reunir a los animales y subirlos a bordo. No fue una tarea fácil. Pero Noé lo hizo. Él recogió un niño y una niña de todas las especies en la tierra.

Después de mucho acorralar, arrear, dirigir y persuadir, el arca estaba cargada. Todos los animales estaban a bordo, y Noé y su familia retrocedieron para asimilar lo que acababan de lograr.

Luego, cuando Noé cumplió 600 años, su familia escuchó el primer trueno a lo lejos. Cuando la lluvia comenzó a caer, Noé miró a su esposa. Sabían que era hora.

¡PUM!

Noé y su familia entraron en el arca.

Y una vez que estuvieron dentro...

Dios cerró la puerta detrás de ellos.

¡BLAM!

¡Eres un viejo loco! ¿Es ESTA la inundación de la que estabas hablando?

JA, JA, JA!

Y la lluvia siguió cayendo, cubriendo toda la tierra.

¡AY, NO! ¡USTEDES TENÍAN RAZÓN!

¡AHH!

Los días y las noches parecían interminables mientras la gran arca flotaba sin rumbo en las aguas de la inundación.

¿Tienes tres?

¡PUM!

Por fin, después de muchos meses, el arca se detuvo sobre una montaña alta. Noé abrió la ventana y miró a su alrededor. Todavía había agua en todas partes.

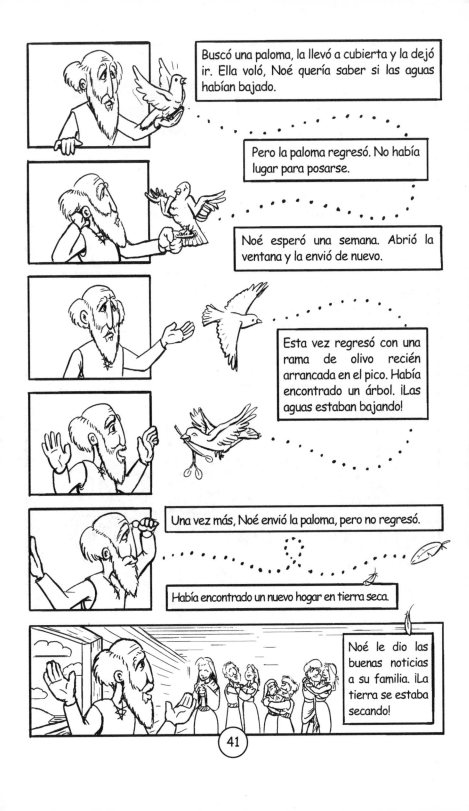

Buscó una paloma, la llevó a cubierta y la dejó ir. Ella voló, Noé quería saber si las aguas habían bajado.

Pero la paloma regresó. No había lugar para posarse.

Noé esperó una semana. Abrió la ventana y la envió de nuevo.

Esta vez regresó con una rama de olivo recién arrancada en el pico. Había encontrado un árbol. ¡Las aguas estaban bajando!

Una vez más, Noé envió la paloma, pero no regresó.

Había encontrado un nuevo hogar en tierra seca.

Noé le dio las buenas noticias a su familia. ¡La tierra se estaba secando!

Noé, su esposa y sus hijos, sus esposas y todos los animales bajaron por la rampa del arca, listos para comenzar una nueva vida.

Noé estaba tan agradecido de que Dios los protegiera que recogió piedras grandes y construyó un altar. Luego, le entregó a Dios una ofrenda en ese mismo momento. Dios respondió prometiendo no volver a inundar la tierra nunca más. Puso un arcoíris en el cielo como su promesa.

Noé y su familia estaban empezando de nuevo.

EL ÉXODO

"«Ven, por tanto, ahora, y te enviaré a Faraón, para que saques de Egipto a mi pueblo, los hijos de Israel».

ÉXODO 3:10

Muchos años después, el pueblo de Dios, los israelitas, se encontraban viviendo en Egipto, bajo el gobierno del faraón. Cuando comenzaron a multiplicarse, el faraón temió que se rebelaran y emprendieran una batalla en contra de los egipcios. Entonces, se le ocurrió un plan cruel.

Estableció una ley para toda la tierra de Egipto.

Cuando les nazca un niño varón a los israelitas, se arrojará al río Nilo. Si el bebé es una niña, se le permitirá vivir.

46

La madre de Moisés sabía que tenía que proteger a su hijo recién nacido, así que lo colocó en una pequeña cesta y la dejó con cuidado en el Nilo.

María, la hermana de Moisés, lo siguió por la orilla del río para ver lo que pasaría con su hermanito.

Cuando la pequeña barca dobló por una curva del río, se encontró con la hija del faraón bañándose en el agua fresca y limpia.

¡Vaya, mira! ¿Qué es eso flotando en el río? ¡Sal y búscamelo y tráelo aquí!

¡Ah, es un hermoso bebé! Y está aquí solo. Tengo que rescatarlo y quedarme con él.

Moisés llegó a ser como un hijo para la hija del faraón.

Él pasó por todo el entrenamiento y la educación que necesitaría un futuro príncipe de Egipto.

Sin embargo un día, cuando creció, Moisés vio a un egipcio que azotaba a uno de los suyos, un israelita.

¡LEVÁNTATE, TÚ!

¡POR FAVOR, NO ME HAGAS DAÑO!

¡BASTA!

¿Qué...?

¡AYYY!

PUMBA

Escuché los gritos de mi pueblo en Egipto. Voy a enviar ayuda para liberarlos de la dura esclavitud que han sufrido todos estos años.

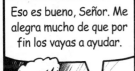

Eso es bueno, Señor. Me alegra mucho de que por fin los vayas a ayudar.

Sí, y quiero que *TÚ* seas el que los rescates.

Eso es genial...

El que... ¡espera! ¡QUÉ!

¿YO?

Sí.

Ah, no, Señor. Yo... no puedo

No sabría qué hacer. No sabría qué decir.

Además, no puedo hablar muy bien.

Moisés, Moisés...

Estaré con tu boca, y hasta enviaré a tu hermano Aarón contigo para que no estés solo.

Aunque Moisés estaba asustado y dudoso, Dios estaba firme: Él escogió a Moisés, y este era el que iba a sacar a Israel de la esclavitud.

Los hijos de Israel volvieron su enojo contra Moisés.

¡Oye, Moisés!

¡CHAP, CHAP!

¿POR QUÉ fuiste a hablar con el faraón?

¡Ahora nuestras vidas están MUCHO peor que antes!

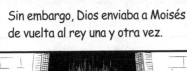

Sin embargo, Dios enviaba a Moisés de vuelta al rey una y otra vez.

Para demostrar que estoy contigo, tira tu vara en el piso del palacio del faraón. Se convertirá en una serpiente.

57

Debido a que el faraón endureció su corazón, Dios envió una plaga tras otra, tras otra, y cada vez la respuesta del faraón era la misma: ¡NO!

Para la primera de estas plagas, Dios le dijo a Moisés que metiera su vara en el río Nilo... ¡y este se convirtió en sangre!

¿Qué es eso?

¡SANGRE!

¡PUFFF!

Y después de eso...

¡MILLONES de RANAS aparecieron por todos lados!

¡NUBES de PIOJOS en todas partes!

¡UNA LOCURA de MOSCAS!

¡Todo el ganado en Egipto se enfermó!

La piel de todos se cubrió de llagas dolorosas.

¡AYAYAY!

Fuego de granizo llovió desde los cielos.

Enjambres de langostas invadieron la tierra y comenzaron a devorar todas las cosechas.

MUNCH! MUNCH! MUNCH!

Y hasta hubo una plaga de oscuridad total sobre toda la tierra, pero el corazón del faraón seguía duro.

¡NO, MOISÉS! ¡Yo NUNCA dejaré que tu pueblo se vaya!

Pero Dios tenía guardada una última plaga...

Esta noche, Dios enviará a su ángel para quitarle la vida a todos los primogénitos en Egipto. Pero el SEÑOR tiene algunas instrucciones especiales para su pueblo.

Vayan y busquen un cordero para su familia. Sacrifíquenlo y extiendan parte de su sangre sobre los dos postes y el dintel de las casas.

Luego, lleven a su familia adentro y quédese allí toda la noche. Cuando el ángel venga esta noche, verá la sangre en el marco de la puerta y *PASARÁ DE LARGO* tu casa, por lo que toda tu familia se salvará.

¡NO PUEDE SER!

¡SNIF!

¡Nooooo!

¡MI HIJO!

Toda la noche hubo el sonido de llantos y lágrimas cuando los egipcios descubrieron que el ángel de la muerte estuvo en su casa. En cambio, todos los hebreos que siguieron las instrucciones de Dios se salvaron.

Esta plaga incluso golpeó la casa del faraón. Derrotado, el rey llamó a Moisés y Aarón en medio de la noche.

¡VÁYANSE, todos ustedes, abandonen Egipto y adoren a su Dios!

Al día siguiente, el pueblo de Dios se reunió en la plaza, listo para dejar la esclavitud en Egipto y viajar a la tierra que Dios les había prometido.

Recuerda el día en que saliste de Egipto, fuera de la casa de esclavitud, porque Dios te sacó de este lugar con su mano fuerte.

Moisés se dio vuelta y empezó a caminar. Todos los hijos de Israel lo siguieron. Por fin eran libres de la esclavitud y de la mano dura del faraón.

Dios guiaba al pueblo con una gran columna de nubes durante el día...

y una gigantesca columna de fuego por la noche para mantenerlos calientes.

Sabiendo que aún no estaban listos para defenderse de los ejércitos enemigos, Dios alejó a su pueblo de las carreteras normales y las rutas comerciales que conducían a la Tierra Prometida, ¡hacia el MAR ROJO!

MAR MEDITERRÁNEO

LA TIERRA PROMETIDA

PENÍNSULA DEL SINAÍ

RÍO NILO

EGIPTO

60 mi
90 km

MAR ROJO

De repente, Dios hizo que un viento oriental se precipitara sobre el mar Rojo. Poco a poco, pero de seguro, el viento milagroso separó las aguas y las empujó hacia atrás hasta que formaron una pared de agua a cada lado con nada más que tierra seca en el medio.

Entonces, los israelitas corrieron en seguida hacia el mar, cruzando al otro lado sin apenas humedecerse. Toda la noche caminaron sobre tierra firme. ¡Fue la liberación milagrosa de Dios!

Cuando Moisés y el pueblo se dieron cuenta de que Dios los había salvado de sus enemigos, se regocijaron y adoraron al Señor allí mismo, a la orilla del mar. ¡Dios había venido a su rescate!

-5-

SANSÓN

«Te ruego que me declares en qué consiste tu gran fuerza».

JUECES 16:6

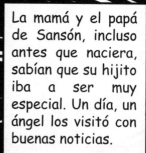

La mamá y el papá de Sansón, incluso antes que naciera, sabían que su hijito iba a ser muy especial. Un día, un ángel los visitó con buenas noticias.

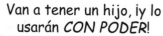

Van a tener un hijo, ¡y lo usarán *CON PODER!*

¡Sansón *ROMPE!*

PLAF

Desde temprana edad, Sansón tuvo la tarea de ayudar a los israelitas a derrotar a sus enemigos.

Pero también hizo tres promesas ante Dios...

Nunca tocaré una cosa muerta, ni beberé alcohol, ni cortaré mi cabello mientras viva.

Durante esos días, a los israelitas los atormentaba y los intimidaba un grupo salvaje de individuos llamados *FILISTEOS.*

¡JAJA

¡GLUB!

¡GUAU!

Los israelitas clamaron al Señor por ayuda, y Él respondió... ¡enviando a *SANSÓN!*

Cuando Sansón creció, se encontró en una batalla con los filisteos en más de una ocasión. Una vez, ¡mató a TREINTA DE ELLOS por una apuesta!

Los filisteos estaban furiosos con Sansón, por lo que invadieron la tierra de Israel para cazarlo.

Los judíos tenían tanto miedo de los filisteos que entregaron felizmente a Sansón a los invasores.

¡JEE, JEE!

¡CHAS!

OTRA VEZ NO.

Pero cuando se lo llevaron, el Espíritu de Dios vino sobre Sansón...

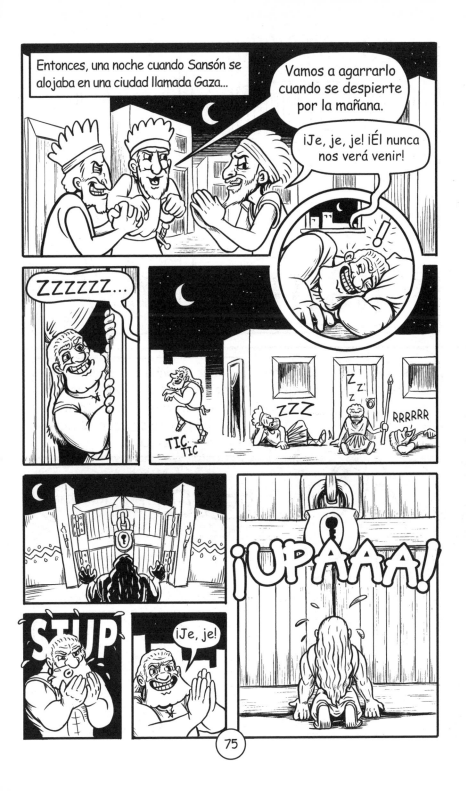

75

¡Hola, chiquita bonita!

Su caída llegó cuando conoció a Dalila.

¡CHISSS!

Estamos dispuestos a pagarte mil cien monedas de plata si consigues que Sansón te cuente el secreto de su fuerza.

?

¿Dices mil cien monedas de plata?

¿A dónde se fue?

Lo haré.

PUM

¡Oh, Sansón! ¡Tú eres un tipo muy *MUSCULOSO*! ¡Eres mucho más fuerte que cualquier hombre que haya conocido!

¡Dime! ¿Cual es tu secreto? ¡Cómo logras tales hazañas *ASOMBROSAS*!

Por ejemplo, ¿qué tendría que hacer alguien para atarte y dejarte indefenso?

Solo un ejemplo, ya sabes. ¡Je, je!

Pchs...

Bueno...

Si alguien me atara con siete cuerdas de arco frescas hechas de las entrañas de los animales, no hay forma de que pueda escapar.

¿Ajá? ¿Sí?

RAS, RAS, RAS

¡Denme un *ABRAZO DE OSO*!

¡JA, JA, JA! ¡Eso fue divertido!

Mira, te estás burlando de mí. Me *MENTISTE*.

Así que, POR FAVOR, dime el secreto de tu fuerza... ¡de VERDAD esta vez!

¡Je, je, je!

Bien, veamos...

80

Usa cuerdas nuevas y frescas que nunca se hayan usado antes.

¡PUM!

¡CHAS!

Si tejes mi pelo largo en un telar como si fuera una alfombra, de seguro que me convertiré en una persona débil.

¡TE AGARRÉ!

¡ZAS!

Esto duró días...

¡JA, JA, JA!

81

Al final, Sansón se rindió.

¡Por favor, Sansón! ¿De dónde viene tu fuerza?

¡AY!

¡BUENO! De acuerdo, te lo diré.

Hace muchos años, hice un voto para seguir a Dios como nazareo.

Y prometí nunca cortarme el pelo. Si mi cabello se corta alguna vez, me convertiré en un hombre débil como cualquier otro.

Ea, ya está. ¿Ahora no te sientes mejor?

Shhh... Descansa un poco.

Supongo... UAAAHHH.

ZZZ

Los filisteos aplaudían mientras desfilaban a su prisionero por la ciudad.

¡DERROTAMOS A SANSÓN!

¡Bienvenido a tu nuevo hogar, Sansón!

Sansón debe haberse sentido muy desesperado sentado allí solo en la poca luz. Aun así, Dios no lo había abandonado.

Mientras estaba sentado en esa celda oscura y húmeda de la prisión, el cabello de Sansón comenzó a crecer de nuevo.

¡Levántate, Sansón! Te quieren arriba para la fiesta.

Un día, no mucho después de que Sansón fuera capturado, los Lectores de los filisteos decidieron celebrar un banquete para celebrar su conquista.

¡BAH, JA, JA! ¡Míralo!

¡Bueno, si no es el PODEROSO Sansón!

¡Todo el edificio se vino abajo, aplastando a Sansón con los *TRES MIL* hombres y mujeres malvados! Así que, incluso en su muerte, Sansón derrotó a los filisteos.

¡INCREÍBLE!

-6-

DAVID Y GOLIAT

«Tú vienes a mí con espada y lanza y jabalina; mas yo vengo a ti en el
nombre de Jehová de los ejércitos».

1 SAMUEL 17:45

Durante el reinado del rey Saúl, los filisteos y los israelitas se prepararon para una batalla en el valle de Ela. A los jóvenes que tenían la edad suficiente para pelear los reclutaron para defender la Tierra Prometida.

10 MI
10 KM

MAR MEDITERRÁNEO

ECRÓN
GAT
VALLE DE ELA
JERUSALÉN
BELÉN
RÍO JORDÁN
MAR MUERTO

David, hijo mío, por favor, lleva esta comida y estos suministros a tus hermanos en el campo de guerra.

Entonces, David dejó a su padre en Belén y se dirigió al valle de Ela.

GOLIAT, el campeón de los filisteos.

Si me mata, todos nosotros seremos sus esclavos. En cambio, si lo mato yo...

¡Todos USTEDES serán nuestros

¿Por qué nadie va a pelear contra ese amenazador ruidoso?

JA JA JA JA JA

¿Estás bromeando? ¡Tiene casi tres metros de altura! ¡Y su armadura pesa más de cincuenta kilos!

Escuché que el rey Saúl está ofreciendo una gran recompensa al hombre que derrotará y se enfrentará a Goliat.

Sí, como si alguien aquí fuera tan tonto como para intentar eso,

Pchs...

Entonces, David fue a ver al rey Saúl.

¡Déjenme entrar para ver al rey!

¡Lo haré! ¡YO lucharé contra el gigante!

Él puede ser grande, ¡pero no es nada comparado con el Dios de toda la creación!

¡TÚ no puedes luchar con ÉL! Eres solo un muchacho, ¡y él ha sido un guerrero desde que era un niño!

¿TÚ...? ¿Luchar contra Goliat?

Tal vez sea así, pero no es *MI* batalla. ¡La batalla le pertenece al *SEÑOR*!

Está bien, está bien. Te permitiré luchar contra Goliat.

Pero necesitarás usar mi armadura.

Ah...

¿Bueno...?

¡Oh, cielos!

Tú vienes aquí con armadura, lanzas y jabalina...
¡pero *YO* vengo aquí en el nombre del *SEÑOR*!
¡Y *Él* te va a entregar en mi mano!
¡Tu cuerpo es lo que alimentará a las aves y los animales salvajes, ¡y todos aquí sabrán que no es por la espada que Dios salva!
¡Porque la batalla es *SUYA*!
¡FUUUU!
¿Es eso así?
¡Entonces, *PRUÉBALO*!

103

Los soldados persiguieron a los filisteos fuera de Israel y volvieron a su país. David era un héroe. Tomó la espada y la cabeza de Goliat, y se los presentó al rey Saúl.

DIOS VISITA EL MUNDO

«Os ha nacido hoy, en la ciudad de David, un Salvador, que es CRISTO el Señor».

LUCAS 2:11

Una mañana, hace dos mil años, en una pequeña ciudad llamada Nazaret al norte de Israel, los ciudadanos recibieron otro recordatorio de que estaban bajo el duro gobierno de Roma y del capricho del emperador romano cuando dos soldados llegaron a la ciudad con un anuncio.

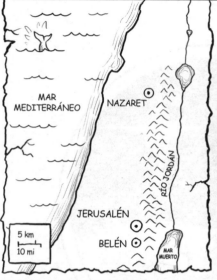

ATENCIÓN: Ciudadanos de Roma, ¡escuchen esto! ¡Estas son las palabras del gran emperador César Augusto!

En las próximas semanas se realizará un censo para contar y registrar a cada ciudadano.

Todas las personas viajarán a la ciudad de sus antepasados para cumplir con este edicto.

¡SNIF!

A José no le gustó escuchar las noticias.

Incluso después que les mostré las Escrituras que decían que la virgen dará a luz y que el bebé será el Hijo de Dios, aún parecían dudosos.

Y ahora esto.

Ahora tengo que decirle a María que tenemos que viajar a Belén.

Lejos de familiares y amigos, solo porque el corrupto gobierno romano así lo dice.

¡ESPEREN! ¡Ustedes dos, vuelvan!

Como dije antes, mi lugar está lleno por completo. Incluso tengo gente durmiendo en el piso y en la cocina.

Pero...

si están dispuestos, pueden acostarse en nuestro establo. Al menos, estarán abrigados y protegidos del mal tiempo.

Entonces, al establo. ¡Gracias!

¡Buaaaa! ¡Buaaaa!

SNIF

Oh Señor, ¿cometimos un error? ¿Deberíamos haber desafiado a los romanos y habernos quedado en casa?

Merece estar en un palacio en una cálida cama con sirvientes para atender todas sus necesidades.

Tu Hijo merece mucho más que esto.

En cambio, míranos. Todo lo que tenemos para darle es este sucio establo.

Aun así, esto era parte del plan de Dios para su Hijo. Jesús iba a ser una clase diferente de Rey. Humilde, amable... un siervo.

Mientras tanto, no lejos de donde María, José y el bebé se acurrucaban en el establo, un grupo de pastores vigilaba sus rebaños toda la noche.

No tengan miedo. En realidad, ¡tengo buenas noticias de gran alegría para todo el mundo!

¿Qué es esto?

¿De qué buenas noticias estás hablando?

Hoy nació en Belén su Mesías, un Salvador que es el Ungido de Dios. Él vino para salvarlos de sus pecados. He aquí cómo sabrán que es verdad. Habrá un bebé envuelto en pañales y acostado en un pesebre.

¿Un pesebre? Eso es nada más que un comedero.

¿Dónde está este bebé?

De repente, todo el cielo se iluminó con un coro de ángeles cantando...

¡GLORIA A DIOS EN LAS ALTURAS!

¡El ángel nos dijo que este Bebé era el Ungido de Dios, un Salvador que nos salvaría de todos nuestros pecados!

Gracias, Padre, por darnos este aliento.

Pues los pastores nos dijeron con exactitud lo que nos han estado diciendo todos estos meses. Y lo estaba empezando a olvidar.

Esto es lo que habías planeado todo el tiempo, ¿no es así?

123

Pasaron los días, y María, José y el bebé Jesús encontraron un lugar para quedarse en una casa.

Mientras tanto, a pocos kilómetros de donde estaban, en la ciudad capital de Jerusalén, llegaron unos visitantes extranjeros.

Llegaron con tal dramatismo y adornos tan aparatosos que hasta al rey le llamaron la atención. El rey Herodes estaba más que interesado en la historia de los visitantes.

Por favor, díganme, ¿qué les trae justo a nuestra ciudad?

Hemos viajado durante muchos meses desde la tierra de Babilonia para ver al nuevo Rey Bebé.

El Rey de los judíos.

¡BLUAGH!

COF, COF
¡Perdónenme!

¡Eso es de veras maravilloso!

Cuando lo encuentren, regresen por aquí y díganme dónde está, eh, para poder ir y adorarlo también.

¿Qué es esto sobre el Bebé Rey? ¿Donde esta *ÉL*?

Su majestad, las Escrituras dicen que nacerá en la ciudad de David, Belén.

Somos magos, hombres sabios que venimos de lejos.

Hemos esperado toda nuestra vida para ver este momento.

Y venimos trayendo regalos para el Rey recién nacido.

Un regalo de oro...

incienso...

y mirra.

Gracias.

Esa noche, a los sabios se les avisó en sueños que no volvieran al rey Herodes, sino que se fueran para su casa usando otra ruta.

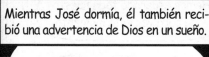

Mientras José dormía, él también recibió una advertencia de Dios en un sueño.

José, levántate. Toma a María y al pequeño, y escapen a Egipto. Porque el rey Herodes desea matar al Niño.

¡AHHH!

José, ¿qué pasa?

Dios acaba de hablarme en un sueño. En lugar de volver a Nazaret, debemos llevar a Jesús y escapar a Egipto.

¿Egipto? ¿Por qué?

Porque el rey Herodes ha escuchado que nuestro bebé es el Rey de los judíos.

Él planea cazarlo y matarlo.

Esa noche, María, José y Jesús se fueron sin que nadie los viera en la oscuridad. Los regalos de los sabios los ayudó a pagar los gastos de su viaje. La familia pequeña y unida se dirigía a su nuevo hogar temporal: Egipto. Terminaron quedándose allí hasta que Herodes murió y era seguro regresar a Nazaret.

-8-

LOS MILAGROS DE JESÚS

«¿Qué hombre es éste, que aun los vientos y el mar le obedecen?».

MATEO 8:27

Cuando Jesús creció, la gente comenzó a darse cuenta de que había algo de veras especial en Él. Un día, al pasar por un pueblo, cientos de personas lo siguieron.

Mi cara... ¡Todo está limpio!

Yo... ¡estoy SANADO!

¡ALELUYA!

¡GRACIAS, SEÑOR!

No le digas a nadie sobre esto, pero ve al sacerdote, él confirmará que estás curado. Luego, da la ofrenda que dijo Moisés que se diera. Esto les mostrará que te sanó el Hijo de Dios.

Si este es de veras el Hijo de Dios, me imagino que Dios debe estar muy preocupado por todos nosotros.

¡¡JUJÚ!

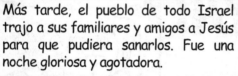

Más tarde, el pueblo de todo Israel trajo a sus familiares y amigos a Jesús para que pudiera sanarlos. Fue una noche gloriosa y agotadora.

Por favor, Señor, mi niñita está enferma.

¡COF!
¡COF!

Maestro, parece que la multitud se está debilitando.

Entonces, salgamos al otro lado del lago.

¿Quién es este Hombre que incluso puede controlar el viento?

¡Hasta las tormentas lo obedecen!

Tal vez sus pensamientos se volvieron al Salmo 107:29, escrito siglos antes: «Cambió la tempestad en calma y las olas del mar callaron» (LBLA).

Su fe es muy poca.

No tengan miedo, solo crean.

Cuando los discípulos llegaron al otro lado del mar, eran diferentes. Sus ojos se abrieron para ver quién era Jesús en realidad. El Hijo de Dios. El Creador de todo.

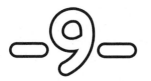

-9-

EL MAYOR DE LOS REGALOS DE DIOS

«¿Por qué buscáis entre los muertos al que vive?
No está aquí, sino que ha resucitado».

LUCAS 24:5-6

Sucedió solo unos días después que Jesús entrara en Jerusalén y lo aclamaran como Rey. Ahora las cosas eran diferentes. Los líderes religiosos de la ciudad ya habían tenido suficiente de Jesús y estaban listos para deshacerse de Él.

¡No podemos esperar más! ¡Tenemos que destruir a Jesús ahora!

¿Pero cómo? Él tiene muchos seguidores, no hay forma de que podamos acercarnos a Él.

Tendremos que hacerlo en secreto. En algún momento cuando esté solo.

Señor, hay un hombre aquí que podría ayudarnos. Dice que él es uno de los discípulos de Jesús.

Judas Iscariote.

¿Qué me darás si te digo dónde Él estará solo, de noche, lejos de las multitudes?

Le ofrecieron a Judas treinta piezas de plata para que traiciona-ra a Jesús y se lo entregara en sus manos. Entonces, el plan se puso en marcha.

Más tarde, Jesús y sus discípulos compartieron la cena de la pascua.

Debo partir ahora para orar. Por favor, vengan para que estén conmigo todos ustedes.

Así que dieron una breve caminata hasta el valle de Cedrón y subieron la colina hasta uno de los lugares favoritos de Jesús, el huerto de Getsemaní.

SNIF
SSSHHH

ZZZ

¿No pueden quedarse despiertos conmigo por una hora al menos?

Ahora, levántense. Aquí viene mi traidor.

¡JUDAS!

¡Esa es la señal!

¡ATRÁPENLO!

¡Están arrestando a Jesús!

¡Vamos a salir de aquí!

Déjalos ir.

Los soldados arrastraron a Jesús hacia los líderes judíos. Le celebraron un juicio falso, pues ya habían tomado una decisión. CULPABLE.

¿Eres tú el Hijo de Dios?

Tienen razón en lo que dicen porque lo soy.

¿Qué más testimonio necesitamos? ¡Él dice ser el Hijo de Dios!

Como los líderes religiosos no tenían poder para matar a un hombre, sabían que tendrían que llevar a Jesús a Poncio Pilato, el gobernador romano, el único que podía pronunciar una sentencia de muerte.

¿Eres el Rey de los judíos?

Tú lo dices.

No encuentro ninguna culpa en este hombre. Encárguense de Él ustedes mismos.

Pero él rompió nuestra ley al afirmar que era el Hijo de Dios.

Tengo una idea.

¿Quién es ese prisionero que hemos tenido por alborotos y asesinatos?

Barrabás, su Eminencia.

JA, JA, JÁ

¡JA, ja, ja! ¡Tú ibas a destruir el templo y a reconstruirlo en tres días!

Si tú eres de veras el Hijo de Dios, ¡baja de la cruz y demuéstralo!

¡Sálvate a ti mismo!

Siendo el Hijo de Dios, Jesús pudo haber bajado de la cruz en cualquier momento. Incluso, podría llamar a un ejército de ángeles para que lo salvaran. En cambio, no lo hizo. Él no lo haría. Porque si Él se salvaba a sí mismo, no hubiera podido salvarnos de nuestros pecados.

¡OH, JO! ¡BAH, JA, JÁ!

¡Ji, Ji, Ji!

En ese momento, ¡hasta la naturaleza respondió!
TAC, TAC
BUM
PUMBA
¡¿Un terremoto?!
¡Rápido, debemos irnos!
En el templo en Jerusalén...

Verdaderamente este era el Hijo de Dios.

Para asegurarse de que Jesús estaba muerto, un guardia le clavó una lanza en el costado. De inmediato, salieron sangre y agua.

Unas horas más tarde, un seguidor de Jesús fue a Pilato con una petición.

¿Qué es?

Me gustaría su permiso para quitar el cuerpo de Jesús de la cruz y enterrarlo en la tumba de mi familia.

Adelante, tienes mi permiso.

¡SIGUIENTE!

Este falso Mesías le dijo a la gente que resucitaría de entre los muertos en solo tres días. Queremos que coloque un guardia en la tumba para asegurarnos de que nadie robe el cuerpo y diga que resucitó.

Su Eminencia

Ah, tú otra vez. ¿Ahora qué quieres?

Adelante, ¡toma la guardia y sella la tumba!

No puedo creer que Él esté de veras... muerto.

Creíamos que Él sería el que salvaría a Israel.

¿Que hacemos ahora?

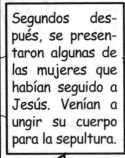

Segundos después, se presentaron algunas de las mujeres que habían seguido a Jesús. Venían a ungir su cuerpo para la sepultura.

¡Está ABIERTA!

¿Quién movió la piedra?

¡Él no está aquí!

¿Qué están haciendo aquí?

¿Por qué están buscando aquí entre las tumbas a alguien que está vivo?

¿Vivo? ¿Qué quieres decir?

¿No recuerdan lo que dijo Jesús? ¿Que a Él lo tomarían hombres malvados y lo crucificaría? ¿Y, luego, en el tercer día, Él resucitaría?

165

¡Más tarde, Jesús se les apareció a los discípulos en el aposento alto, a lo largo del camino, a la orilla del mar y hasta QUINIENTAS personas a la vez!

Al resucitar de entre los muertos y vivir para siempre, Jesús demostró que de veras es quien dijo que era: el Hijo de Dios. Si creemos en Él y recibimos el regalo de su sacrificio en la cruz por todas las cosas malas que hemos hecho, podemos comenzar una amistad con Él y vivir con Él para siempre.